AF509147

LE THIBET

ET

LA CHINE OCCIDENTALE

LE THIBET

ET

LA CHINE OCCIDENTALE

— CONFÉRENCE PUBLIQUE FAITE AU PALAIS DU COMMERCE —

PAR

A. GANNEVAL

PROFESSEUR DE GÉOGRAPHIE A L'ÉCOLE SUPÉRIEURE DE COMMERCE DE LYON

LYON

IMPRIMERIE PITRAT AINÉ

RUE GENTIL, 4

—

1876

THIBET ET LA CHINE OCCIDENTALE

— CONFÉRENCE PUBLIQUE, FAITE AU PALAIS DU COMMERCE —

Mesdames, messieurs,

Dans un remarquable discours à la commission qui organisait le dernier Congrès des orientalistes, l'honorable président de la Société de géographie de Lyon déclarait, en ce qui concerne nos relations avec l'extrême Orient, qu'en Chine « on ne voit pas encore l'indigène, quelles que soient du reste sa position pécuniaire et son intelligence, chercher à s'affranchir de l'intermédiaire des Européens établis sur son sol ; qu'il lui suffit pour le moment de leur porter des produits de l'intérieur et de les vendre, mais qu'il n'a pas encore abordé par lui-même les relations directes avec la France et l'Angleterre. Il n'est pas douteux, ajoute l'orateur, qu'aussitôt qu'un hardi pionnier de son pays lui aura tracé la route et lui en aura démontré les avantages, le Chinois ne s'empresse d'y entrer. Il y marchera, dès lors, d'un tel pas qu'il regagnera vite le terrain perdu. »

Telles sont, mesdames et messieurs, l'actualité et l'éventualité bien probable qui ont déterminé en grande partie les explorations dont nous allons parler.

En repoussant même l'éventualité très-loin, la situation actuelle était de nature à motiver les grands travaux, les pénibles et dangereux trajets dont je vais avoir l'honneur de vous entretenir.

La situation actuelle n'est, en effet, rien moins que satisfaisante pour les commerçants européens réduits au rôle de courtiers d'affaires entre leur pays et la Chine, obligés de recourir aux Chinois, leurs intermédiaires, qui tendent de plus en plus à traiter pour leur propre compte, victimes du monopole maintenu par les mandarins et les riches marchands de l'intérieur, monopole dont le résultat se traduit par une hausse extraordinaire sur les prix, notamment sur ceux du thé, qui se vend à perte, pour les premières qualités, sur les marchés de Londres et de New-York.

L'Angleterre qui, depuis quarante ans, cherche une route pour ses communications avec la Chine occidentale, ne peut subir les conditions du marché chinois, jusqu'au jour où cette route sera définitivement ouverte, si jamais elle l'est; aussi, le gouvernement des Indes se préoccupe-t-il vivement de développer, sur une vaste échelle, la culture du thé dans l'Assam et offre t-il de très-considérables avantages à ceux qui voudraient se livrer à cette entreprise.

La politique prohibitive de la Chine aura eu pour résultat de pousser les Occidentaux vers la voie la plus courte. Si le succès couronne tous les efforts, nous serons largement payés des tribulations qu'elle nous aura imposées et des sacrifices qu'il aura fallu faire pour la vaincre.

Quand je dis *nous*, je parle des Européens en général, des Anglais et des Français en particulier, car le dévouement aux nobles causes n'a pas de patrie, ou du moins, cette patrie est celle de la civilisation entière. Tout cœur français a déploré la triste fin de Margary, comme il avait été cruellement atteint par le trépas de Livingstone, et nous avons pu lire les regrets dictés à nos voisins par la mort de de Lagrée, de Carné, de Francis Garnier. Oui, ces deux peuples rivaux dans les pacifiques luttes commerciales ont un seuil commun : celui des grandes pensées, des hardies entreprises, des nobles sacrifices. Tête et cœur de l'Europe, ils vont répandant au loin leur indispensable influence, et si, chacun de leur côté, ils se trouvent aux prises avec des angoisses quelquefois surhumaines, ils sont faits pour se rencontrer généreusement sur le triste chemin du malheur.

Jusqu'à présent nos relations avec l'empire du Milieu n'ont eu d'autres voies que celles ouvertes par le littoral chinois; mais indépendamment des longues distances qu'il faudrait franchir pour arriver au cœur du pays, si ces routes étaient ouvertes jusque-là, les rapports n'ont jamais eu cette sûreté qui est la base de toute négociation véritable. Malgré l'ouverture des places, la fondation des établissements européens et nos comptoirs, à Shang-Haï, la sécurité est encore problématique, et nous avons vu que chaque arrivée des Européens par l'est a été invariablement suivie de troubles qui ont déjà valu à la Chine trois guerres avec l'Angleterre. Il a donc fallu changer de direction.

Rappelons que c'est de notre établissement en Cochinchine que datent les plus sérieux efforts de l'Angleterre pour trouver le passage des Indes à la Chine par la Birmanie et le Yun-Nan, passage qui devait la mettre en mesure de faire dériver, vers ses possessions asiatiques, ce grand courant commercial, par les vallées supérieures où coulent les fleuves de l'Indo-Chine.

Bien que, jusqu'à présent, les tentatives, pour pénétrer dans la Chine par ses frontières, ou de la Birmanie, ou du Thibet, n'aient pas été suivies de succès suffisants, retraçons, si vous le voulez bien, les efforts qui ont été faits dans ce sens. J'insisterai particulièrement sur les routes vers le Thibet.

Et d'abord, permettez-moi de vous présenter le Thibet; c'est un pays assez inconnu encore de nos jours pour qu'il soit utile de le faire.

Si les notions que nous possédons aujourd'hui sont devenues plus certaines, si elles s'appuient sur des observations consciencieuses, faites au milieu des plus grandes difficultés, rendons en hommage au vaillant major anglais Montgomery et à ses auxiliaires soumis et dévoués, dont je vous dirai quelques mots au cours de cette causerie. Faisons une part de nos hommages à nos infatigables missionnaires, et, en les remerciant des services qu'ils rendent à la science, réjouissons-nous de ce que leur zèle pour la foi peut rencontrer, sur ces terres inhospitalières, une compensation, offerte sans qu'elle soit recherchée, aux cruelles angoisses qui leur sont trop souvent réservées. Les missionnaires Huc et Desgodins ont droit à cet égard à notre entière reconnaissance, et nous sommes d'autant plus heureux de la leur témoigner qu'elle est justifiée par l'importance que les Anglais eux-mêmes attachent à leurs travaux, ainsi que nous le verrons tout à l'heure.

Toutefois, avant de nous engager dans les routes qui mènent au Thibet, constatons, non sans un sentiment de fierté, que les Français qui composaient l'expédition du Mekong ont pu seuls pénétrer en Chine par ses frontières occidentales.

Deux Français, d'Anville, premier géographe du roi en 1719, et le Père jésuite Duhalde, ont jeté les premières bases de notre connaissance sur le Thibet, au moyen de leurs cartes édifiées d'après l'arpentage de l'empire chinois, entrepris en 1708, sous le règne de Kang-Hi, par deux lamas qu'avait instruits le P. Régis.

Dès le dix-septième siècle, fut accompli un premier trajet par les PP. Grueber et Dorville, qui partaient de Pékin pour atteindre Lhassa, après un périlleux voyage de six mois, et prolongeaient leur route jusqu'à Agra à travers l'Assam. C'est là le premier parcours accompli de Chine aux Indes à travers le Thibet.

En 1714, le P. Horazio de la Penna, suivi de onze compagnons, se rendit de Pékin à Lhassa, pour passer trente années au Thibet.

On doit au P. Georgi, de Rome, une relation, datée de 1762, de ce voyage et de ce séjour féconds en notes historiques, qui ont fourni quelques connaissances sur la succession des anciens rois du Thibet.

Tels sont les précieuses sources auxquelles on a puisé pour nous faire connaître les limites et la topographie de ce pays.

Formé du plateau élevé situé en arrière de la première grande chaîne de l'Himalaya, il est divisé en quatre grandes provinces nommées *Kham* ou *Thibet oriental*, sur lequel nous n'avons que d'imparfaites connaissances et que l'on croit être coupé de gorges profondes par le cours supérieur du fleuve Bleu, du Mekong, de la Salouen et de l'Irraouaddy; *Ari* ou *Thibet occidental*, qui a été assez exactement exploré par les arpenteurs anglais; puis les deux provinces de *U* et *Tzang*, réunies sous le nom d'Utzang en grand Thibet et séparées entre elles par le Yarou-Tzang-Bo ou Brahmapoutre supérieur, car il résulte des communications du missionnaire Desgodins à la Société de géographie de Paris qu'il faut cesser de douter de l'identité du Tzang-Bo et du Brahmapoutre.

Le grand Thibet est limité par le Marian-La et le Kaïlas, à l'ouest; la rivière Kampu ou Dihong le borne à l'est. Ce haut plateau, dont les parties habitées s'élèvent à plus de 3,000 mètres d'altitude, a pu être assez curieusement comparé au versant occidental péruvien situé entre la mer et la Cordillère des Andes. L'un et l'autre entretiennent de grands troupeaux, et dans tous deux un ruminant est employé comme bête de somme, le lama dans le Pérou et le mouton dans le Thibet. Au Pérou, le lac Titicaca, à 3.600 mètres au-dessus de la mer, est employé au service des communications, prolongé qu'il est par son desaguadero, de manière à former jusqu'en Bolivie une ligne navigable de 600 kilomètres que suivent des bateaux à vapeur. Au Thibet, le Tzang-Bo est, à la même altitude, un grand chemin fluvial pour les marchands et leurs transports. Enfin les deux pays abondent en métaux précieux et nombreuses substances minérales, sel et borax. Mais la comparaison cesse d'être vraie si l'on considère la facilité avec laquelle on aborde au Callao et la difficulté d'arriver au Thibet, par suite des seuls moyens d'approche que laissent les étroits et difficiles passages, à travers la chaîne de l'Himalaya, ou les routes encore plus difficiles du Nord, sur des plateaux couverts de neige plusieurs mois de l'année.

Et cependant, les relations entre le Bengale et le grand Thibet ont été autrefois fréquentes et libres. On en a la preuve dans l'histoire de Bogle, envoyé au Thibet par ce célèbre gouverneur général de l'Inde, Waren Hastings, au siècle dernier. Bogle traversa le Boutan pour aboutir au défilé du haut de la vallée de Chumbi qui sépare le plateau du Thibet des gorges boisées et fertiles, s'inclinant vers les plaines du Bengale.

Bogle entrait donc au Thibet et, après avoir reconnu les lacs de Shantzo et Calutzo, il suivait leur émissaire jusqu'au Brahmapoutre. Cette première partie du voyage lui avait permis de reconnaître la richesse surprenante de cette contrée en gibier, tel que canards et lièvres, qui vivent tranquillement, protégés qu'ils sont par la religion du pays,

Bogle arrive au Tzang-Bo, près de Shigatze, et le traverse sur un des bateaux mis en cet endroit au service de passagers nombreux et de leurs troupeaux de bœufs et de moutons.

Ces troupeaux de moutons, destinés principalement aux transports, reviennent soit du Nord, où ils sont allés prendre des chargements de sel, soit du Sud avec des cargaisons d'orge. Ils sont composés de grands animaux aux cornes horizontalement étendues. Bogle en a rencontré des troupeaux de 1,200 têtes, portant chacun deux sacs du poids de 20 à 25 livres.

Là se borna le voyage du représentant d'Hastings ; mais il sut mettre à profit ses relations amicales avec le Teshu-Lama, et lorsque, à son retour, il fut chargé de fonctions administratives à Rangpur, il établit de grands marchés dans cette ville, avec de nombreux avantages pour les marchands thibétains et les habitants du Boutan. Par tous les moyens que lui donnaient sa position officielle et l'appui du gouverneur général, il encourageait les relations entre le Thibet et le Bengale.

Il est permis de croire que ce premier essai aurait pu avoir les conséquences les plus avantageuses, si l'on remarque surtout que le chemin du Thibet à la Chine, déjà suivi par nos missionnaires, était plus praticable qu'on ne le pensait généralement, ainsi que le croyaient les Anglais eux-mêmes, M. Markham, entre autres, qui se plaignait de l'attention à peine suffisante qu'on avait accordée *aux rapports particuliers et minutieux faits sur les routes entre Lhassa et la Chine, par les mis-*

sionnaires français. Mais la mort de Bogle et du Teshu-Lama devaient laisser sans résultat cette première tentative. La turbulente et agressive politique du rajah de Népal et Boutan, qui vint attaquer les Thibétains sur les pentes extérieures de l'Himalaya, fit cesser complétement les relations et appela les Chinois, dont l'influence est, dès lors, devenue souveraine.

L'exploration de Thomas Manning s'est prolongée jusqu'à Lhassa. Elle a eu pour résultat de démontrer que la difficulté de recouvrer le terrain gagné par Bogle n'est pas insurmontable ; mais depuis l'époque de son voyage, les Anglais se sont bornés à des recherches et à des enquêtes. Le major Montgomery a eu l'heureuse idée de faire recommencer ces explorations par des pandits.

Le premier pandit partait en 1865 et revenait vers le milieu de 1866. Il avait traversé la passe du Népal de Kirong, reconnu la vallée du Tzang-Bo, constaté qu'entre Zanglache et Shigatze, sur une longueur de 140 kilomètres, les commerçants et leurs marchandises descendent la rivière en bateau. Il était arrivé jusqu'à Lhassa et, au retour, avait exploré la vallée du Tzang-Bo depuis Chushul-Yong jusqu'à la passe Marian qui sépare le Grand du Petit-Thibet.

Le deuxième pandit, qui partit en 1871, prit à l'est du Népal la passe de Tipta-la et atteignit Shigatze par un chemin tout nouveau. Son retour s'effectua par un sentier effrayant qui passe quinze fois à 500 mètres au-dessus d'un torrent mugissant.

Le troisième envoyé du major Montgomery s'avança plus au nord de Shigatze, où il s'était pourvu de 50 moutons pour porter les bagages. Il atteignit Namling, sur la rive droite du Siang-Shu, puis il traversa la passe Khalamba qui devait le conduire au Tengri-Noor.

Je vous fais grâce des précieuses observations que l'explorateur a faites dans ce premier parcours. Signalons pourtant la découverte qu'il fit du lac Bul-Cho, un peu au nord du Tengri et où Lhassa s'approvisionne de borax.

Son projet d'aller du Tengri-Noor en Chine fut arrêté par une bande de voleurs qui le dépouilla complètement, lui et son

escorte, ne leur laissant que deux sacs de subsistances et deux
moutons pour les porter, ce qui ne leur permit d'atteindre
Lhassa, par la passe du Dhogk, qu'au prix des plus grandes
souffrances.

En combinant les connaissances qui résultent de ces explorations avec celles précédemment acquises, on reconnaît qu'un
assez grand nombre de passages livrent accès des Indes au Thibet. Je vous signalerai particulièrement celui du district de Sik-
kim, sur lequel Mr Edgard appelle l'attention de l'Angleterre,
par son projet de jeter un pont sur la Tista qui coule dans cette
province et de construire au delà un chemin sur la chaîne
Chola.

Certainement la richesse du Thibet justifierait toute entreprise pour nouer des relations commerciales ; mais l'Angleterre,
bien qu'aux portes de ce riche pays, en est pour ainsi dire plus
éloignée que la France. Il s'agit seulement de ne point laisser
rééditer, retournée contre nous, la fable du *Lièvre et de la
Tortue*. L'adversaire ne perd pas son temps à écouter d'où
vient le vent ; à nous d'aller le moins possible notre train de
sénateur.

D'ailleurs, le complément obligé de l'ouverture des relations
entre l'Inde et le Thibet, c'est d'arriver au marché chinois. Là
est là difficulté, car les Thibétains paraissent plutôt désireux
d'encourager les communications et ils le feraient ouvertement
sans l'influence chinoise.

Le gouvernement de Pékin, véritablement responsable de la
catastrophe de Bhamo, vient de donner une dernière preuve de
sa résolution bien arrêtée de s'opposer à toute approche euro-
péenne du côté de la terre. Cette résistance ne sera vaincue, si
elle peut l'être, que par une intervention des gouvernements
européens auprès de la cour de Pékin qu'il semble opportun de
convertir à plus de tolérance et aussi, d'avertir que la rapacité
de ses mandarins, seul obstacle, est une mauvaise conseillère.

Au nombre des produits du Thibet et qui, au temps de Bogle,
alimentèrent déjà le trafic avec Rangpur, il faut citer le sel,
abondamment répandu dans toute la région septentrionale, les

mines de fer du Thibet oriental. Dans la même région, de riches
mines de cuivre qui prolongent les gîtes du Yun-nan, la province chinoise voisine ; l'argent que Mgr Chauveau, vicaire apos-
tolique du Thibet, indique dans plus de trente mines de la même
contrée orientale. Ce prélat y compte près de soixante mines
d'or. M. Cooper raconte comment de magnifiques sables auri-
fères, gisant en abondance dans le lit des torrents, n'étaient
l'objet d'aucune exploitation. Deux soldats thibétains, qu'on
lui avait donnés pour escorte ou plutôt comme espions, l'empê-
chèrent de ramasser une poignée de ce sable.

La grande richesse du Thibet consiste dans ses innombrables
troupeaux. Au rapport du missionnaire Huc, la consommation
de la viande y est telle, qu'on trouve à Lhassa des maisons entièrement construites avec les cornes des victimes. Les Thibétains sont éminemment doués des qualités qui font le commerçant. Si l'on en croit l'abbé Huc, qui nous raconte l'activité de
Lhassa, où tout le monde est occupé à acheter ou à vendre quel-
que chose, ces qualités seraient poussées trop loin, au grand
désavantage des étrangers, qu'on exploite un peu trop.

Le commerce et la dévotion attirent sans cesse à Lhassa beau-
coup de voyageurs et font de cette ville comme le rendez-vous
de tous les peuples asiatiques. L'abbé Huc fait du Thibétain un
portrait assez favorable. Se rapprochant du Chinois par ses
yeux petits et bridés, ses pommettes saillantes, son nez court,
sa bouche largement fendue et son teint légèrement basané, il
s'en écarte par la chevelure qu'il laisse tomber sur ses épaules
et par la gaîté qui est le fond de son caractère. Quand il va par
les rues, on l'entend toujours fredonner des prières ou des
chants populaires. Le costume, composé de draperies gracieuse-
ment rattachées, est ordinairement riche. Il comporte toujours,
comme accessoire, un sac en taffetas jaune, suspendu à la cein-
ture et renfermant l'inséparable écuelle de bois, employée
comme ustensile de cuisine.

Les dames ont à peu près le même costume, mais leur toilette
se compose d'une particularité qui les fait distinguer au plus
rapide coup d'œil. Le missionnaire nous apprend qu'avant de

sortir, elles se frottent le visage avec une sorte de vernis noir, assez semblable à de la confiture de raisin, et, comme elles ont pour but de se rendre laides et hideuses, elles répandent sur leur face ce fard dégoûtant, à tort et à travers, et se barbouillent de manière à ne plus ressembler à des créatures humaines.

Effrayé des progrès que faisait la conduite légère des femmes de ses sujets et de la contagion qui gagnait les couvents boudhistes, un nomekan ou lama-roi prescrivit aux dames ce gluant travestissement. Comme le voyageur, nous reconnaîtrons qu'il fallut un vrai courage pour rendre un semblable décret et, comme lui, nous nous étonnerons de l'obéissance avec laquelle il fut accepté ; mais nous sommes tentés de nous récrier, lors - qu'il nous apprend que le remède n'eut pas toute l'efficacité désirable.

Il faut atteindre ce peuple actif, disposant de richesses immenses, objet d'un considérable trafic intérieur, et qui ont déjà occasionné un véritable commerce avec l'Inde, au temps de Bogle.

On a justement comparé la position de l'Inde anglaise à l'égard du Thibet à celle de l'Espagne vis-à-vis de la France. La chaîne de montagnes qui sépare les deux pays asiatiques est autrement considérable que les Pyrénées, et les passages entre la France et l'Espagne sont de vraies routes, à côté des sentiers indiens. Les Chinois, encore puissants dans ces contrées, peuvent être assurés de fermer la porte aux Européens aussi longtemps qu'ils le voudront. La voie du nord a été suivie et reconnue trop longue et dangereuse. Il y a peu d'années, l'officier d'état-major russe Prijevalski voulait atteindre Lhassa en partant de la Mongolie orientale. D'insurmontables difficultés l'obligèrent à s'arrêter au Khou–Khou-Noor, d'où il revint sur ses pas. Ce voyage, qui démontre une fois de plus l'inutilité des efforts que, dans l'état actuel, on pourrait tenter de ce côté, n'a pas été perdu pour la science géographique.

C'est donc du sud, du sud-est ou de l'est qu'il faut partir.

En d'autres termes, c'est au Yun-Nan qu'il faut viser avant d'atteindre le Thibet.

Si le Brahmapoutre était navigable dans son cours moyen comme il l'est dans son cours supérieur, la tentative de sir Beadon aurait tracé aux Anglais un chemin facile à suivre, tandis qu'elle leur a prouvé qu'à peu de distance au-dessus de Sudhia, il faut renoncer à employer le fleuve. Le courant y est tellement rapide, le lit si encaissé, que les steamers de l'explorateur ne purent monter au delà. Or, de ce point à la passe Towang, le pays est entièrement en la possession de tribus demi-sauvages, avec lesquelles les rapports ne sont pas faciles.

Dans ces circonstances, la Birmanie est devenue l'objectif de l'Angleterre.

Remarquons d'abord que six voies fluviales semblent per-mettre d'atteindre cette province de l'Yun-Nan, vers laquelle elles convergent toutes, par leur source.

En partant du golfe du Bengale, nous comptons l'Irraouaddy, le Salouen, le Mekong, le Song-Koy, le Si-Kiang et le Yang-tse-Kiang. En ce moment, le gouvernement des Indes anglaises fait construire un chemin de fer dans la basse vallée de l'Irraouaddy, et nous savons que l'ingénieur italien Ferrelli vient de signer, avec le roi de Birmanie, un traité qui lui donne la concession d'une ligne prolongeant jusqu'à Mandalay, le chemin de fer anglais du Pégu.

La première voie fluviale, l'Irraouaddy, navigable jusqu'à Bhamo, débouche sur deux routes conduisant à la Chine : l'une menant de Bhamo à Tali-Fou ; l'autre de Mandalay à travers la Salouen, jusqu'à Shuning-Fou.

Quant à la première route, elle a déjà excité la navigation à vapeur jusqu'à Bhamo. Un service régulier de quinzaine unit ce centre à l'Irraouaddy inférieur, à Rangoon. Par ce service, l'im-portation de Bhamo a pu dépasser en une année le chiffre de 200,000 livres sterlings. Suivant le conseil du major Sladen, une agence anglaise s'est fixée à Bhamo, pour faciliter ce com-merce.

La deuxième route, de Mandalay à Shuning-Fou, sert exclu-sivement au débouché de la capitale de la Birmanie. Elle n'est suivie que par des caravanes de mulets qui mettent quarante jours à la traverser. Les Chinois seuls suivent cette voie, tandis que la route de Bhamo est suivie par des natifs des établissements de Malacca qui, en grand nombre, ont émigré dans la haute Birmanie, par la voie de Tennasserim, de Moulmein et de Rangoon.

Il existe une troisième ligne de Mandalay à la Chine et que suivent les marchands chinois qui veulent gagner les parties les plus méridionales de l'Yun-Nan. Ce chemin difficile, qu'on dit cependant exempt de tout danger d'attaques, conduit de Mandalay à Kiang-Hong.

L'exploration de la route de Bhamo, résolue par les Anglais, a été commencée. On sait qu'elle a coûté la vie à Margary, dont la fin déplorable nous a été retracée d'une manière si saisissante par M. Milsom, à notre dernière réunion mensuelle.

Nous avons acquis, et malheureusement payé très-durement, la certitude que le Mekong ne doit plus être compté parmi les voies qui permettent d'atteindre l'Yun-Nan. La commission chargée d'explorer ce fleuve a reconnu qu'il présente d'insurmontables difficultés. Les sinuosités de son cours doublent la distance à parcourir ; de plus, les nombreuses frontières qu'il traverse ajoutent aux difficultés naturelles des obstacles douaniers et politiques qu'on ne peut vaincre aisément ; de sorte que tout se réunit pour enlever à ce fleuve la valeur commerciale qu'on lui avait supposée tout d'abord. Peut-être notre colonie de Saïgon pourra-t-elle développer, à son avantage, la seule circulation locale qu'il permet, sans pourtant lui faire atteindre jamais des proportions considérables.

Bien plus que le Si-Kiang, le fleuve du Tongkin peut servir au transport des productions spéciales à l'Yun-Nan, à la partie sud-ouest du Sze-Tchuen et à la partie sud-est du Thibet. Ces productions sont assez importantes pour alimenter le commerce le plus actif et le plus avantageux. C'est en cela que la France se trouve dans une position meilleure que l'Angleterre.

En effet, par un récent traité, le Tongkin est placé sous notre protectorat, et déjà nos voisins alarmés considèrent que c'est le premier pas vers la conquête. Sans être aussi avancés, nous

nous trouvons, par le traité conclu avec l'empereur d'Annam, dans une situation exceptionnellement favorable, et la simple énumération des produits de cette contrée, de l'Yun-Nan, démontre que cette situation ne doit pas être négligée. Les Anglais, qui en comprennent toute l'importance autant que nous, expriment l'espoir que la France laissera aux autres pays des facilités de commerce avec ses colonies.

Le Tongkin possède des mines de tous métaux et notamment de métaux précieux. Les mines d'argent ont donné jusqu'à 216,000 onces par an; les mines d'or occupaient plus de 10,000 ouvriers en 1850, époque à laquelle le pays n'avait pas subi les ravages de la guerre.

Le riz, la soie, le coton, la canne à sucre, les fruits y sont partout abondants. Les animaux domestiques y sont très-nombreux. L'esprit mercantile des habitants sait tirer le meilleur parti de ces ressources. On trouve des villages qui ne sont peuplés que de colporteurs, mais dont les affaires, jusqu'à la signature du traité dont je viens de parler, se bornaient au trafic intérieur. Quant à l'Yun-Nan, j'ai déjà eu l'occasion de vous parler de ses productions. Rappelons que les métaux, et notamment le cuivre, s'y trouvent en amas considérables, qu'il renferme un des plus riches districts à thé, que la soie s'y dévide comme dans le Sze-Tchuen. Ce dernier produit suffirait pour stimuler notre zèle. Dans la savante conférence qu'il nous a faite sur ce précieux fil, M. Hurbin-Lefebvre nous a dit en quoi il justifie nos convoitises.

Mais pouvons-nous arriver jusqu'au Thibet oriental par cette voie? La question ne peut se résoudre sans une reconnaissance. Il suffit, pour qu'elle le soit dans le sens de l'affirmative, que la rivière Yiang-Pi-Kiang, déversoir du lac Ta-Ly, dans le Mekong, et le Mekong, dans sa partie comprise entre Shuning et le 23° de latitude soient navigables en barque, ou puissent l'être rendus facilement. En ce cas, les produits du Thibet oriental descendraient de Tali-Fou, par le Mekong, jusqu'à la hauteur de Po-Heul, puis remonteraient à cette ville par la petite rivière de Ta-Hie-Kiang; transportées de là, par la voie de terre, ces marchandises gagneraient le point où le Ly-Sien-Kiang, l'un des affluents du fleuve du Tong-King, commence à être navigable en barque. Certes, cette ligne ne serait pas l'idéal des routes à transports rapides; si cependant elle nous pouvait être réservée telle qu'elle, la future route anglaise de Bhamo aurait une sérieuse rivale.

Indépendamment des ressources offertes par ce pays par les riches produits qu'il renferme, métaux en abondance, thé, le meilleur de toute la Chine, et qui fait actuellement 150 lieues à dos d'homme pour aller rejoindre la partie navigable du fleuve Bleu, soie du Sze-Tchuen d'une qualité estimée, et enfin le débouché des richesses du Thibet oriental, indépendamment de toutes ces ressources, le commerce français trouverait là un marché appelé à devenir important. L'expédition française du Mekong a trouvé dans le Yun-Nan des draps russes; nous en pourrions fournir. Il en est de même des cotonnades qu'il suffirait de fabriquer spécialement pour ce marché.

Saïgon et notre Cochinchine détourneraient à leur profit une importante part des profits qui descendent le Yang-tse-Kiang, et notre port trouverait un utile emploi de sa situation, bien meilleure que celle de Shang-Haï, placée dans la zone dangereuse des moussons et moins rapprochée d'Europe.

Sans doute, à cet égard, Rangoon est un port de chargement plus avantageux, mais la route de terre que les marchandises du sud de la Chine seront obligées de suivre, pour arriver à ce port anglais, sera toujours plus dispendieuse et sujette à plus de risques que la route entièrement navale qui peut relier, sans discontinuer, Saïgon et l'Yun-Nan.

L'exploration de l'intrépide commerçant M. Dupuis nous a révélé la possibilité de suivre la route du Song-Koï. Il a recueilli partout les témoignages de l'excellente impression qu'a laissée le passage de la commission française, heureux présage des sympathies qu'il nous serait sans doute facile d'acquérir parmi ces populations à peu près indépendantes et qui ne souhaitent rien mieux que de voir s'ouvrir une voie commerciale à travers leur pays. Cette voie décuplerait la valeur de leurs produits et leur

permettrait de donner un nouvel essor aux aptitudes commerciales que tous les voyageurs s'accordent à leur reconnaître.

Sans doute, nous ne devons pas souhaiter la décadence de
Shang-Haï. Ce port sera toujours alimenté par les riches produits de la Chine orientale, et puis, les intérêts français, qui n'y
sont brillamment représentés que par notre Comptoir d'escompte,
sans rival, pour le dire en passant, souffrent des circonstances
que nous avons déjà fait connaître.

L'illustre Francis Garnier ne nous a que faiblement laissé
l'espoir d'utiliser le fleuve Bleu pour le trafic avec le Tong-
King. Sans compter les difficultés que le gonvernement de
Pékin fait encore pour ouvrir de nouvelles places à l'ouest de
Hang-Kou, le dernier port ouvert sur le Yang-tse-Kiang, il est
à peu près certain que ce fleuve n'offre de ligne navigable, et
non sans danger, jusqu'à l'Yun-Nan, que pendant trois ou
quatre mois de l'année.

Concluons donc que, des quatre compétitions en présence,
l'Angleterre, la Russie, les États-Unis et la France, nous pou-
vons marcher au premier rang, si nous suivons la voie indiquée.
Le Russe a encore trop d'espace à traverser, trop de montagnes
à franchir ; l'Américain est forcé, ou à peu près, de se réduire à
l'exploitation du versant oriental. Seules, l'Angleterre et la
France, également soucieuses de faire porter fruit aux sacrifices, aux immolations, puis-je dire, qu'a values le premier pas
accompli, marchent vers un même objectif. Elles ne le feront
certes pas la main dans la main, mais de cette noble rivalité
résultera un concours pour un bien commun : le prestige des
deux premières nations d'Europe dans l'extrême Orient.